AF312346

NOTICE BIOGRAPHIQUE

SUR LE

GÉNÉRAL DELANNOY

1790—1864

NIORT

TYPOGRAPHIE L. FAVRE

1889

NOTICE BIOGRAPHIQUE

SUR LE

Général DELANNOY [1]

1790—1864

Mon père est né à Lille le 28 octobre 1790. Il était le dernier des trois fils que mon grand-père avait eus de sa femme, née Duriez, et l'avant-dernier des six enfants issus de ce mariage, dans l'ordre suivant :

François Delannoy ;

Louisa, qui épousa M. Legrand, dont elle eut deux fils, Alfred et Edouard, et une fille, Nelly, mariée à M. l'intendant Orville ;

Sophie, non mariée ;

César, qui fut juge de paix à Pont-à-Marcq, et mourut également sans enfants ;

Louis-Joseph, mon père ;

Julie, non mariée.

Je ne possède que peu de détails sur la vie de mon grand-père, qui appartenait à une bonne famille du Nord ; il a habité la plus grande partie de sa vie à Biscop, grand logis un peu délabré aujourd'hui, qu'on peut voir encore à peu de distance d'Ennevelin, entre Lille et Pont-à-Marcq. Cette résidence était, paraît-il, fort belle au commencement de ce siècle, entourée de bois et d'eaux courantes. Mon père avait conservé très bon souvenir des années d'enfance qu'il y

(1) Cette notice a été écrite pour mes fils.

avait passées : il a toujours regretté de n'avoir pas pu conserver ce domaine à sa famille, et déplorait que le château ne lui fut pas échu dans le partage des biens de mon grand-père qui eut lieu à sa mort, en 1840, survenue onze années après la mort de ma grand-mère, décédée le 13 juin 1829. Leurs tombes, sur lesquelles on pouvait encore lire il y a quelques années des vers dus à la plume d'un membre de la famille, existent encore dans le cimetière d'Ennevelin, près de l'église.

Jusqu'à leurs derniers jours, mon père avait entouré ses parents d'un pieux respect et de tous les soins que lui permettaient sa carrière nomade et ses ressources limitées. Car la situation de mon grand-père dans sa vieillesse était bien déchue de ce qu'elle avait été jadis : avant la Révolution, mon grand-père avait été bourguemestre de son village ; il possédait une belle terre qu'il faisait valoir et où il élevait un nombreux bétail. Plus tard, sous l'Empire, il devint munitionnaire de nos armées ; mais sa ruine vint de ce qu'il avait engagé sa signature pour un de ses frères, M. Marc Delannoy, entraîné dans de mauvaises spéculations. En homme d'honneur, mon grand-père sacrifia la plus grande partie de sa fortune pour désintéresser les créanciers.

Les notes laissées par mon père témoignent de la sollicitude touchante avec laquelle il employait ses modestes économies à soutenir la vieillesse de ses parents. Cette piété filiale, qui ne se démentit jamais, a dû certes recevoir sa récompense.

Faut-il attribuer à ces revers de fortune ou à un goût inné pour le métier des armes la détermination que mon père prit, bien jeune, de consacrer sa vie au service de son pays ? Je ne saurais le dire ; rien d'étonnant d'ailleurs que la gloire de nos armées qui brillait alors d'un si vif éclat ait séduit une imagination prompte à l'enthousiasme et le cœur généreux d'un jeune homme de 20 ans. Le 1er mars 1809, il entrait à l'Ecole militaire de Saint-Cyr ; c'était au moment où la bataille de Wagram allait porter si haut le renom des armes françaises et la puissance impériale. Dix mois après, il en sortait sous-lieutenant au 1er régiment d'infanterie légère.

L'instruction militaire s'acquérait alors sur les champs de bataille ; et, pour ses débuts, le jeune sous-lieutenant allait gagner ses éperons sur la terre espagnole, où se jouait une si rude partie et où étaient engagées les meilleures troupes de l'Empereur.

La première armée destinée par lui à entrer dans la Péninsule avait été, en 1807, celle de Junot ; puis, après les événements de l'Escurial, l'armée de réserve du général Dupont (3e corps de la Gironde) avait été dirigée sur Bayonne. La troisième, sous le commandement du maréchal Moncey, avait été organisée avec des dépôts des régiments stationnés sur le Rhin.

Après les graves événements qui s'étaient produits en Espagne, dans les premiers mois de 1808, — capitulation de Baylen, évacuation du Portugal, — Napoléon avait formé, dit Thiers (1), avec deux beaux régiments français, *le 1er léger* et le 42e de ligne, tirés du Piémont, le fond d'une division qui fut confiée au général Souham. Ces troupes se dirigèrent des Alpes vers les Pyrénées, pour former avec le corps du général Duhesme, la colonne Reille et une brigade de Napolitains, le corps destiné à opérer isolément en Catalogne, sous le commandement du général Saint-Cyr et qui prit le nº 7.

C'était donc en Catalogne que mon père devait faire ses premières armes, et nous allons voir combien dure devait être cette première épreuve. A la fin de 1808, le corps d'armée du général Saint-Cyr avait pris la place forte de *Roses*, livré avec succès la *bataille de Cardedeu*, qui lui ouvrait le chemin de Barcelone, débloqué le général Duhesme, qui était prisonnier dans cette place ; puis, poursuivant le cours de ses succès, il avait remporté une nouvelle victoire à *Molins del Rey* et était devenu ainsi maître de toute la

(1) Tome IX, livre xxxii, page 280.

Catalogne. Pendant toute l'année 1809, Saint-Cyr avait lutté contre les Catalans et contre l'armée du général Reding, le meilleur général de l'Espagne, dit Thiers (1), et avait fini par le rejeter dans Tarragone. Puis, sur l'ordre de Napoléon, il avait commencé le siège de Girone (novembre 1809), opération difficile, comme tous les sièges en Espagne, qu'il avait menée à bonne fin, malgré deux assauts infructueux et une résistance héroïque de la garnison, ce qui ne l'avait pas empêché d'encourir la disgrâce du maître et d'être remplacé par le maréchal Augereau dans le commandement de son corps d'armée. Mais, dès le mois de mai de l'année 1810, Napoléon, mécontent d'Augereau, l'avait remplacé par Macdonald, en donnant une partie de son corps d'armée au général Suchet, avec la mission d'achever la conquête des places de l'Aragon et de prendre aussi celles de la Catalogne, notamment Tarragone et Tortose. Quand mon père rejoignit le 1ᵉʳ léger, au commencement de 1810, ce régiment était donc en Catalogne, sous le commandement d'Augereau d'abord, puis sous celui de Macdonald, qui devait combiner ses mouvements avec ceux de l'armée d'Aragon. C'est donc dans ces vieilles bandes, éprouvées par deux ans de combats, de sièges, et dans la guerre de guerillas, qu'il allait faire ses premières armes et apprendre son rude métier.

Mon père, dont les états de services portent qu'il s'est trouvé aux sièges d'Hostalrich et de Tortose, avait dû rejoindre son corps sous les murs de Tortose dès la fin de l'année 1810, puisque la reddition de Tortose eut lieu le 2 janvier 1811. C'est pendant ce siège de Tortose, à l'occasion d'une grande sortie de la garnison, qu'un jeune officier, destiné à devenir illustre par ses talents militaires, s'était brillamment signalé à la tête des grenadiers du 116ᵉ : c'était le capitaine Bugeaud. La prise de Tortose, défendue par une garnison de 11.000 hommes, avait coûté à l'armée d'Aragon dix-sept jours de siège, dont treize de

Février 1811.

Siège de Tortose.

(1) Tome XII, livre xxxix, page 208.

tranchée ouverte, et de 5 à 600 hommes. 9,400 prisonniers avaient défilé en déposant les armes ; mais tout bien conduit qu'il eût été, ce siège n'avait été que jeu d'enfants à côté de celui de Tarragone, qui devait coûter tant de sang à l'armée française. J'ai entendu plusieurs fois mon père raconter, à propos de ce dernier siège que, dans son seul régiment, le 1er léger, 18 officiers avaient été enterrés dans la même fosse, ce qui montre bien l'effroyable consommation d'hommes qui se faisait en ce temps. Et encore, s'il n'y avait eu que les dangers du feu à affronter, mais il faut lire dans Thiers les détails de la misère à laquelle étaient réduits les officiers de l'armée de Catalogne, dont la solde n'était pas payée et qui n'avaient pas, dit-il, de bottes à se mettre aux pieds (1). C'est sans doute en songeant à ce temps d'épreuves qu'il avait rencontrées au début de sa carrière militaire que mon père me disait, quand je l'ai abordée à mon tour : Je souhaite que tu ne souffres pas toutes les misères que j'ai endurées !.... Mais revenons à Tarragone, qui réservait une page si glorieuse, mais si sanglante à nos armes. Tarragone était le point d'appui des insurgés, qui recevaient par là des Anglais tous les secours dont ils avaient besoin ; elle était puissamment fortifiée, appuyée à droite à la mer, au sud à un ruisseau dit le Francoli, défendue au nord par le fort détaché de l'Olivo. Le maréchal Suchet résolut de l'attaquer au sud-ouest par les terrains bas du Francoli, au nord par le fort de l'Olivo, qui exigeait à lui seul un véritable siège. La tranchée fut ouverte devant ce fort dans la nuit du 21 au 22 mai. Deux braves régiments, le 7e et le 16e de ligne, eurent l'honneur d'emporter le fort d'assaut, non sans les plus douloureux sacrifices, car il avait fallu pénétrer par la brèche, escalader les murailles et forcer les Espagnols jusque dans leur réduit. L'Olivo enlevé, on commença les travaux d'approche à 130 toises de l'enceinte. Dans la nuit du 7 au 8 juin, le fort Francoli,

Mai 1811

____

(1) Thiers, livre XLII, page 235.

Prise du fort Francoli.

construit à l'embouchure du ruisseau, tomba à son tour.

Sans perdre de temps, car chaque jour amenait des combats meurtriers et pour la garnison et pour les postes qui assuraient nos ravitaillements, Suchet avait dressé des batteries de brèche contre les bastions des Chanoines et de Saint-Charles, et contre le fort Royal lui-même, le général voulant, dans un assaut simultané et énergique, enlever la ville basse et toutes ses défenses.

18 juin. Achèvement de la 3ᵉ parallèle et descente du fossé.

21 juin.

Le 18 juin, on acheva la 3ᵉ parallèle et on commença la descente du fossé en face des forts attaqués, et on élargit la brèche. Le 21 juin, toutes les batteries ouvrirent leur feu en même temps, et le soir trois brèches étaient jugées praticables : l'une au bastion Saint-Charles, l'autre au bastion des Chanoines, la 3ᵉ au dessus des deux premières, au fort Royal. Suchet avait donné le commandement de l'assaut au général Palombani et mis (dit Thiers) sous ses ordres 1,500 grenadiers et voltigeurs avec des sapeurs munis d'échelle. Le soir, à 7 heures, trois colonnes s'élancent à la fois sur les trois brèches : la 1ʳᵉ, sous le général du génie Bouvier, enlève après deux assauts la brèche du bastion des Chanoines ; la 2ᵉ colonne, sous le chef de bataillon Polonais Joudzelski, se précipite sur le bastion Saint-Charles ; mon père y commandait une section de carabiniers du 1ᵉʳ léger (ses états de service en font foi). Appuyée par une 3ᵉ colonne, la 2ᵉ finit par rester maîtresse de la brèche. « Le chef de bataillon Joudzelski (raconte « Thiers) poursuit alors les Espagnols à travers « la basse ville, enlève les coupures des rues et « se bat de maison en maison pendant que la « colonne Bourgeois, qui le suit, prend à gauche, « va tendre la main à la colonne Bouvier et l'aider « à conquérir le bastion des Chanoines. Grâce à « ce secours, ce bastion est enfin emporté et les « deux troupes réunies se jettent sur le château « royal. Elles en escaladent la brèche et y pénè- « trent. Les Espagnols s'y défendent à outrance « et se font tuer jusqu'au dernier. »

L'assaut, commencé à 7 heures, était fini à 8. On brula 1,400 cadavres, tant Français qu'Espagnols.

Ce ne fut que le 28 juin que se livra le dernier assaut, le plus furieux peut-être qu'on eût jamais livré, qui nous donna la ville haute et Tarragone tout entière. Les états de service de mon père portent : « Blessé à la tête d'un éclat d'obus en « montant à l'assaut de Tarragone avec une « section de carabiniers du 1er régiment d'infan-« terie légère, le 28 juin 1811. » Cette blessure avait fortement entaillé le front et mon père en porta la trace toute sa vie.

En effet, après que la batterie de brèche creusée dans la nuit du 27 au 28 eût ouvert, vers midi, une large brèche, une colonne d'assaut de 1,500 hommes, composée des compagnies d'élite des 1er et 5e légers, 14e, 42e, 114e, 115e, 116e, 117e, 121e de ligne et du 1er régiment polonais de la Vistule, avait été mise sous les ordres du général Habert. Une 2e colonne, à peu près d'égale force, sous le général Ficatier, devait la soutenir, pendant que le général Montmarie devait essayer d'enlever par escalade la porte du Rosaire, très voisine du bastion Saint-Paul, que nous attaquions. A 5 h. 1/2, la 1re colonne s'élance à découvert, et commence à la gravir sous un feu effroyable. Avançant avec peine, sur un terrain meuble qui se dérobait sous leurs pas, accueillis par les Espagnols furieux à coups de piques et de baïonnettes, nos braves, poussés en avant, rejetés en arrière, auraient peut-être succombé sans le secours d'une 2e colonne conduite par le général Habert lui-même, et tous les aides de camp du général en chef. Pendant que les deux colonnes pénétraient enfin par la brèche et se jetaient à droite et à gauche, les soldats de Montmarie montaient par une corde à nœuds, et tous attaquent la Rambla, rue principale de la haute ville. Ils arrivent ainsi jusqu'à la cathédrale, où ils font justice des derniers défenseurs, et les 8,000 Espagnols, derniers survivants de la garnison qui tentaient de s'échapper par la porte de Barcelone, tombaient

entre les mains du général Harispe. Nous avions
4.300 hommes hors de combat, dont 1.000 à 1.200
morts, et 15 à 1.800 mutilés et hors d'état de
reprendre le service. Le siège avait duré deux
mois, pendant lesquels nous avions ouvert neuf
brèches, et livré cinq assauts des plus furieux
qu'on eût jamais vus.

Mon père avait 21 ans, il venait de recevoir sa
première blessure, et l'on comprend bien l'im-
pression profonde qu'avait dû lui faire ce terrible
siège, dont il ne parlait jamais sans un douloureux souvenir.

Aussitôt après la fin des opérations autour de
Tarragone, le général Suchet se mit, par la route
de Barcelone, à la poursuite de Campo Verde,
qui tenait la campagne avec des bandes d'insurgés et s'empara du célèbre couvent du Mont-
Serrat, que ses troupes enlevèrent avec une
incroyable audace (1). Mon père s'y trouvait
encore et, après un repos forcé pendant les
chaleurs du mois d'août, il repartait le 15
septembre pour Valence, que le maréchal Suchet
attaquait avec trois colonnes, la principale
comprenant la division d'infanterie Habert, dont
le 1er léger faisait partie et suivait la grande
route de Tortose. Sur cette route se trouvaient
d'abord le fort de Peniscola qui, n'ayant de
défenses que du côté de la mer, lui importait
peu ; puis celui d'Oropesa, qu'il pouvait négliger
en le masquant par quelques troupes ; enfin la
ville ouverte de Murviedro, qui était sous le
canon de la forteresse de Sagonte l'antique,
défendue par 3.000 hommes. Protégée par
d'épaisses murailles, et par sa situation inexpu-
gnable, Sagonte résista à deux assauts et ne se
rendit que lorsque la victoire de Sagonte,
remportée par Suchet sur l'armée de secours
commandée par Blake, lui eût enlevé tout espoir
d'être secourue. Mon père venait à ce moment
d'être nommé lieutenant et comptait seulement
2 ans et 6 mois de services ; mais quels services :
le siège de Tarragone et sa blessure le disent

(1) Thiers, livre XLII, page 302.

assez. Ayant ses communications et sa ligne de ravitaillement assurées par la possession de Sagonte, Suchet put songer à investir Valence, ville populeuse et riche, protégée par une ligne de retranchements en terre qui en faisaient un véritable camp retranché. Le mois de novembre fut employé à conquérir les défenses de Valence sur la rive gauche du Guadalaviar, depuis le fort du Grao, jusqu'au dessus de la ville. *Siège de Valence. Novembre 1811.*

Le 26 décembre, après avoir reçu deux divisions amenées par le général Reille, Suchet fit compléter l'investissement de Valence, la division Habert occupant les abords de la ville, à l'embouchure du Guadalaviar. *Décembre 1811.*

Dès les premiers jours de janvier, les travaux de siège commencèrent, et la tranchée fut ouverte au sud de la place; le général Blake, qui défendait la ville, abandonna les retranchements extérieurs et se retira dans l'enceinte. Mais il n'attendit pas l'assaut, comme les défenseurs de Tarragone, et après la chute de quelques bombes qui causèrent d'ailleurs plus de peur que de mal, il se rendit prisonnier le 9 janvier, avec 18,000 hommes. Le maréchal Suchet fit dans Valence une entrée triomphale.

Tant de gloire ne devait, hélas ! aboutir qu'à une occupation passagère, sans autres résultats matériels que de soutenir quelques jours un prince destiné à être entraîné dans la chute de Napoléon. Cependant, l'Empereur avait songé à garder la Péninsule, et avait même affecté des domaines à titre de dotation aux officiers qui s'étaient distingués dans les campagnes d'Espagne. C'est à ce titre que mon père avait reçu une terre dans le royaume de Valence, terre dont il ne retira jamais d'autre revenu qu'une ou deux barriques de vin qui furent bues au 1er léger en l'honneur de nos armes.

Les états de service du général Delannoy portent qu'il fit la campagne de *1812 en Aragon* sous les ordres du maréchal Suchet.

Toutes les troupes réunies, tant en Catalogne qu'en Aragon et à Valence, sous le commandement du maréchal Suchet, étaient désignées *Armée d'Aragon. 1811.*

sous le nom général d'armée d'Aragon. Elles occupaient les points qu'il était important de garder pour assurer notre ligne de ravitaillement, en présence des dangers que faisait courir à l'armée la formation d'une armée anglo-sicilienne que la flotte anglaise était prête à transporter où besoin en serait. L'armée d'Aragon était d'ailleurs dans l'abondance, grâce à la sage administration du maréchal Suchet, qui avait le rare talent de pourvoir largement les troupes de tout ce qui leur était nécessaire, tout en ménageant les ressources des pays occupés. Pendant que le reste de la Péninsule était en proie à toutes les horreurs de la guerre qui se poursuivait entre les Anglais, sous Wellington, et les Français, sous Marmont et Soult, les provinces administrées par Suchet jouissaient d'un calme complet, et ce fut près de lui que Joseph, fugitif, pourchassé par les Anglais qui étaient entrés à Madrid, vint chercher un refuge le 1er septembre 1812. Ce fut également vers Valence que se mit en retraite l'armée d'Andalousie, sous le maréchal Soult, et quand, au mois d'octobre 1812, l'armée du Centre et l'armée d'Andalousie se dirigèrent vers le Haut Tage pour aller donner la main à l'armée de Portugal et reconquérir Madrid, l'armée d'Aragon continua à occuper Valence.

Octobre 1812.

Wellington, obligé de quitter Madrid, échoua devant Burgos, qu'il ne put reprendre aux Français réunis. Mais le gouvernement de Joseph recevait alors le contre-coup des tristes événements de Russie ; Napoléon, dégoûté de l'Espagne, qui lui avait coûté si cher, ne songeait plus qu'à contenir les Anglais en Portugal pour ne pas les avoir sur les bras en France ; il ordonna à Joseph d'évacuer Madrid pour se replier sur Valladolid. Mais, à ce moment, mon père avait déjà quitté l'armée d'Espagne, ayant été nommé aide de camp du général Vandamme, son compatriote (le général Vandamme était de Cassel). Cette nomination, qui datait du 19 mars 1813, survenait peu après l'évacuation de Berlin par les troupes françaises, au moment où la

Prusse, relevant la tête, venait de rompre l'alliance française et de se jeter dans les bras de la Russie.

Vandamme venait en ce moment d'être mis par l'Empereur à la tête d'un certain nombre de bataillons nouvellement reconstitués avec les cadres et destinés à un corps de Davoust et de Victor, pour réprimer les insurrections qui s'étaient déclarées dans les villes Anséatiques. Vandamme était arrivé à Brême avec 28 bataillons et se trouvait sous les ordres de Davoust, chargé par l'Empereur de réoccuper Hambourg et de la punir de sa trahison. Mais, jugeant que Davoust aurait trop de quatre divisions pour garder les départements Anséatiques et le bas Elbe, Napoléon prit deux de ces divisions pour en former un corps d'armée qu'il mit sous les ordres de Vandamme et qui devait être placé à Wittemberg.

Où mon père, qui recevait presqu'en même temps et sa nouvelle destination et le grade de capitaine, rejoignit-il le général Vandamme et l'armée d'Allemagne? C'est ce que nous ne pouvons dire exactement; mais comme il parlait souvent de Dessau et de son séjour dans cette principauté, il est fort probable qu'avec le temps qui lui avait été nécessaire pour se transporter du royaume de Valence en Allemagne, il avait dû rencontrer le général Vandamme sur l'Elbe, soit à Dessau, soit à Wittemberg, pendant que les batailles glorieuses de Lutzen et Bautzen relevaient le prestige de nos armes et rendaient l'espérance à tous les cœurs français. L'armistice de Pleswitz, signé par Napoléon pour gagner du temps, vint donner à l'armée un repos de deux mois, du 4 juin au commencement d'août; je suis porté à croire que mon père passa ce temps à Dessau. Mais dès le mois d'août, Napoléon ayant adopté l'Elbe comme base d'opérations contre les armées coalisées, Dresde s'était trouvé le pivot et le centre de sa ligne de défense.

Le corps de Saint-Cyr avait été placé à Kœnigstein; le corps de Vandamme, venu de Hambourg à Dresde avec 30,000 hommes et détaché de l'armée du général Davoust, avait été placé à la hauteur du corps de Saint-Cyr, mais au-delà de l'Elbe, pour garder les défilés des montagnes de Bohême aboutissant à Lusace. Vandamme avait une division à Hambourg, une autre à Stolpen, la troisième à Bautzen, prêtes à se porter au secours, soit de Saint-Cyr vers Dresde, soit de Poniatowski vers Zittau, suivant que les coalisés déboucheraient de Bohême par Peterswald ou par Zittau. Pendant que Napoléon poussait devant lui Blücher sur la Katzbach, il apprit que l'armée de Bohême débouchait par Peterswald, en arrière de Dresde.

Il ordonna aussitôt à Vandamme, qui se trouvait à Stolpen, de se replier sur l'Elbe; revenu lui-même à Stolpen, et sachant que les coalisés étaient arrivés par la route de Peterswald et avaient obligé Saint-Cyr à se replier sur Dresde, en laissant une de ses divisions à Pirna, il avait prescrit à Vandamme de laisser une de ses divisions, celle du général Teste, pour observer l'Elbe entre Dresde et Kœnigstein et empêcher toute tentative de jeter un pont, et avec les deux autres de passer l'Elbe à Kœnigstein et de venir barrer la chaussée de Peterswald. Il voulait ainsi fermer sur les coalisés la porte qui leur aurait permis de se rejeter en Bohême et les prendre, comme dans un étau, entre les masses qu'il amenait et qui suivraient de près Vandamme, maître de Pirna, et le corps d'armée de Saint-Cyr, maître de Dresde et des défenses préparées autour de cette capitale. Mais la terreur qui régnait à Dresde et le manque de confiance de Saint-Cyr le forcèrent à modifier ce plan, à déboucher sur Dresde avec 100.000 hommes, laissant Vandamme avec 40.000 hommes occuper le camp de Pirna et la chaussée de Peterswald. Celui-ci devait donc, pendant la journée du 26, traverser le pont jeté entre Lilienstein et Kœnigstein, assaillir le camp de Pirna et barrer la chaussée.

A la suite de la bataille de Dresde, où les coalisés avaient essuyé une sanglante défaite, ils avaient rétrogradé sur les hauteurs qui domi-

nent Dresde et l'armée russe, sous le commandement de Barclay de Tolly, avait pour objectif
de rouvrir, coûte que coûte, la route de Peterswald que surveillait le général Vandamme,
maître du camp de Pirna, avec 40.000 hommes.
Le général avait, suivant les ordres de Napoléon,
traversé le pont jeté entre Lilienstein et Kœnigstein, et enlevé le camp de Pirna, d'où il domi-
nait la route de Peterswald, sans toutefois l'in-
tercepter entièrement. Malgré un contre ordre de
Barclay de Tolly qui, voyant de l'encombrement
sur la route de Peterswald, voulait se rabattre
avec toutes ses troupes sur celle d'Altenberg, le
prince Eugène de Wurtemberg avait pris sur lui
de retenir sur la route de Peterswald le corps
d'Ostermann, et de suivre lui-même cette route,
ne voulant pas négliger le corps de Vandamme,
et lui laisser libre le débouché de Teplitz. Mon
père racontait souvent que l'Empereur avait
assigné *Teplitz* comme objectif à Vandamme en
lui promettant qu'il y trouverait son bâton de
maréchal. L'occupation de Teplitz avait en effet
une grande importance, puisqu'elle aurait permis à Vandamme de se trouver sur la ligne de
retraite des coalisés et de les aborder de front,
pendant que Marmont, Saint-Cyr et Murat les
assaillaient en queue.

Les Russes parvinrent à s'élever sur le plateau
de *Giesshübel* (que quelques cartes appellent
Berggiesshübel). Le village de Giesshübel est
situé sur la route de Pirna à Aussig, sur la rive
droite du ruisseau de *Gottleube*.

Le gros des forces de Vandamme était à Pirna
le 28 août, au matin, et il n'avait fait occuper
Zehist, à l'entrée du plateau, que par un seul
bataillon français. Les Russes assaillirent et
enlevèrent le Kohlberg, hauteur qui domine
Zehist, et purent ainsi défiler sur le plateau.
Mais Vandamme, qui ainsi n'avait pu les empêcher de passer, eut le temps de réunir ses divisions, et d'atteindre la queue des Russes à
Giesshübel.

Là, il leur livre un brillant combat d'arrière-
garde où, dit Thiers, il leur tua un millier

28 août 1813.

d'hommes, et les mène tambour battant jusqu'à Hollendorff.

C'est donc dans ce combat d'arrière-garde que l'aide de camp de Vandamme se signala en enlevant un canon et deux caissons à l'armée russe, trophées qu'il ramena au quartier général et qui lui valurent une citation à l'ordre de l'armée. Il avait alors 23 ans.

Vandamme avait sous ses ordres les généraux Philippon et *Du Monceau* ; le capitaine Delannoy devint plus tard l'aide de camp de ce dernier, et il est probable que c'est dans cette campagne que le général Du Monceau avait pu apprécier les talents du jeune officier.

Ses états de service portent « qu'il avait été « blessé d'un coup de feu à la cuisse à Gies-« shübel (Saxe), en enlevant une pièce de canon « et deux caissons à l'armée russe (1). » Cette mention montre bien qu'il ne s'agissait pas là d'une de ces citations banales comme on en voit figurer parfois dans les états-majors. La blessure relatée officiellement sur les états de services montre qu'il y avait eu de la part du jeune capitaine une véritable action de guerre, et les traditions de l'époque l'expliquent parfaitement. Souvent le général Bonaparte avait confié l'exécution de ses plans à ses aides de camp, et il n'était pas rare, à cette époque d'action, de voir les aides de camp des généraux en chef prendre le commandement de troupes pour diriger et conduire eux-mêmes des opérations. Comment pourrait-on autrement expliquer le fait d'un aide de camp enlevant aux Russes des pièces de canon ?

Malheureusement, cette poursuite énergique de la part de Vandamme devait, en dehors de toutes prévisions et par un de ces retours inespérés que la fortune ménage parfois aux vaincus, aboutir pour nous à un désastre. Obligé de s'arrêter à Kulm devant des forces imposantes, Vandamme avait sollicité des secours qu'il savait proches, puisque Kulm n'est distant de Pirna

(1) Voir Appendice numéro 1.

que de trente kilomètres environ et que Mortier
s'y tenait prêt à lui venir en aide. Il était donc en
mesure de tenir tête aux Russes ; mais, par une
de ces fatalités dont l'histoire nous fournit si
souvent des exemples, pendant qu'il avait en face
de lui les Russes de Barclay et les Autrichiens
de Schwartzemberg postés à Criesten, il était
assailli par derrière par les Prussiens de Kleist !
Ceux-ci, pour échapper au danger que leur faisait
courir la présence sur leurs derrières du corps
de Gouvion-Saint-Cyr, s'étaient jetés par Furs-
tenwald et Streckenwald sur la route de Péters-
wald, quitte à rencontrer Vandamme et à
succomber s'ils ne pouvaient venir à bout de lui
échapper.

On sait comment, malgré toute sa présence
d'esprit, Vandamme ne put se tirer de cette
étreinte qu'en sacrifiant son artillerie, 7.000 prisonniers et en perdant 5 à 6.000 morts.

30 août 1813.

Blessé et fait prisonnier, Vandamme fut amené
devant le grand duc Constantin. Mon père racontait que son énergie et la violence de son carac-
tère ne se démentirent pas en cette occasion.
Blessé au vif par les procédés hautains du
Moscovite, il releva la tête, comme le lion
traqué, secoua sa crinière et lui dit : « Tu n'es
qu'un barbare et le premier barbare de ton
Empire. »

L'aide de camp de Vandamme fut mandé à
Dresde par l'Empereur pour rendre compte du
désastre de Kulm : mon père avait conservé un
souvenir très vif de cette comparution, bien faite
pour causer quelque embarras à un jeune
homme encore neuf dans la carrière. L'Empereur
exigea que non-seulement il lui exposât tous les
détails de l'affaire, mais même qu'il lui en dressât,
séance tenante, un croquis topographique ; il y
a lieu de croire qu'il ne s'en tira pas trop mal,
puisqu'en le congédiant, l'Empereur lui dit de
se trouver à sa première revue. Quelques jours
après, *le 17 septembre 1813*, il lui remettait les
insignes de la Légion-d'Honneur, et le 22 du même
mois, le lieutenant-général DuMonceau l'atta-
chait à sa personne en qualité d'aide de camp. Il

2

n'avait donc exercé ces fonctions auprès du général Vandamme que du 19 mars au 16 juillet 1813 comme lieutenant, et du 16 juillet au 30 août de la même année comme capitaine.

Le corps de Vandamme (1er corps) fut réorganisé à trois divisions, fortes en tout de 18,000 hommes, sous le commandement du comte de Lobau, et destiné par Napoléon à la défense de Dresde. Le 9 septembre, il était posté en avant de Zehist, sur la route de Peterswald, pendant que le 14e corps, sous le maréchal Saint-Cyr, était rangé en avant de Dohna, sur la route de Fürstenwald. Ce même jour, le 1er corps s'avança de Zehist sur Giesshübel et delà sur Peterswald, pendant que Napoléon, avec le 14e corps, s'avançait latéralement. Mais n'ayant pu faire franchir le Geyersberg à son artillerie, il dut s'arrêter, et laissant Gouvion-Saint-Cyr sur cette position menaçante, revenir de sa personne à Dresde. Il organisa ensuite une forte position défensive sur les deux plateaux de Pirna et de Giesshübel.

Le 15 septembre, l'ennemi ayant reparu sur la chaussée de Peterswald, Napoléon accourt avec sa réserve et le repousse jusqu'à Hollendorff. Mais avec 60.000 hommes qu'il avait sous la main, il ne put se résoudre à en attaquer 120.000, réunis dans de fortes positions autour de Kulm, et il se replia encore une fois sur Pirna, laissant Lobau à Giesshübel.

Le 7 octobre, il quitta définitivement Dresde avec sa garde pour aller combattre l'armée du Nord ; il y laissait Gouvion-Saint-Cyr qu'il avait l'intention d'attirer à lui. Malheureusement, voulant se réserver le moyen de repasser l'Elbe, il revint sur cette intention et donna l'ordre à Saint-Cyr de se maintenir à Dresde. L'issue fatale de la bataille de Leipzig eut pour effet de laisser le corps d'occupation de Dresde abandonné à lui-même.

Capitulation de Dresde. — Le 6 novembre, Lobau essaie de sortir de Dresde avec 14.000 hommes pour se porter sur Torgau. Il rentre à Dresde, et le 11 novembre, Saint-Cyr capitule. La garnison devait déposer les armes et rentrer en France. Mais le général Klenau déclara que l'Empereur Alexandre n'admettait pas la capitulation et que la garnison devait se rendre prisonnière de guerre.

C'est ainsi que mon père fut fait prisonnier de guerre et subit une captivité de six mois en Allemagne, car il ne revint que le 1er juin 1814. A cette époque, la campagne de France avait eu la triste issue que l'on connait et Paris était tombé depuis deux mois entre les mains des alliés.

Le général Du Monceau, devenu comte de Bergendael, en récompense de sa conduite à l'affaire de Bergen, avait été nommé au commandement de la 2e division militaire après la réunion de la Hollande à la France, en 1813. Enlevé au commandement de cette division pour prendre celui d'une des divisions du corps de Vandamme, en 1813, il y fut replacé le 1er juin 1814, quand il revint en France après avoir subi la captivité d'Allemagne, comme tous les officiers qui furent victimes de la violation de la capitulation de Dresde.

Il le conserva sous la première Restauration jusqu'au 20 mars 1815, puis sous Napoléon après son retour de l'île d'Elbe. Son nom ne figure pas dans les combattants de Waterloo ; il commandait donc encore la place de Mézières pendant cette désastreuse bataille ; le flot de l'invasion passa à côté de cette place et Du Monceau ne la rendit aux alliés qu'à la fin d'août. Il quitta le service français le 30 septembre 1815 et vint se fixer à Bruxelles. Sa vie appartint dès lors à la Belgique, où sa famille s'est perpétuée ; ses descendants occupent encore aujourd'hui des charges à la Cour.

Son aide de camp, le capitaine Delannoy, fut placé à la même époque en non activité par suite de licenciement, et se retira dans ses foyers chez son père, à *Biscop,* près de Lille. La France, à ce moment, était inondée de soldats étrangers : 1,200,000 hommes de toutes nationalités couvraient son sol et la pressuraient. Biscop était occupé par des Russes, et j'ai entendu mon père raconter qu'il avait vu leurs popes y célé-

Septembre 1815.

brer la messe et leur musique y donner des concerts.

Cette non activité ne dura pas longtemps, car d'après ses états de service, le 1er janvier 1816, soit trois mois après sa mise en non activité, il figure comme « capitaine provisoire à la légion départementale du Nord (1). »

1816. Organisation des Légions départementales.

Une ordonnance du 3 août 1815 avait institué pour remplacer les troupes impériales licenciées une légion par département. Chaque légion devait comprendre deux bataillons d'infanterie de ligne portant l'habit blanc, et un bataillon de chasseurs à pied avec l'habit vert.

Les légions départementales subsistèrent jusqu'en 1820, année dans laquelle elles reprirent le nom de régiments, et la légion du Nord devint le 28e de ligne le 27 janvier 1821.

Le capitaine Delannoy y prit le commandement d'une compagnie et resta dans ce grade, malgré ses éclatants services, jusqu'en 1830. Il attribuait ce long arrêt (17 ans) dans le grade de capitaine moins au ralentissement général de l'avancement dans l'armée qu'à l'animosité du duc d'Angoulême contre tous ceux que l'on supposait attachés au régime impérial, et, en particulier contre Vandamme, qui avait jadis fait fusiller des émigrés.

Ce qu'il y a de certain, c'est que l'ancien aide de camp de Vandamme n'obtint aucune faveur du gouvernement des Bourbons et que la Révolution de 1830 le trouva encore capitaine, bien qu'il eut ajouté à ses campagnes celles de 1823 et 1824, en Espagne.

Année 1822.

On sait que sous prétexte de fermer à la fièvre jaune, qui décimait Barcelone, les passages de la frontière de Catalogne, le ministère Villèle avait réuni au pied des Pyrénées un corps de troupes françaises auquel on donna le nom de « cordon sanitaire », mais qui n'était en réalité qu'un corps d'observation mis à la porte de l'Espagne en vue des événements politiques dont elle était le théâtre.

(1) Voir Appendice no 2.

Replacé sur le trône d'Espagne à la fin de 1815, Ferdinand VII s'était empressé de rétablir une monarchie absolue, au mépris d'une constitution que les Cortès avaient mise comme condition à son rappel sur le trône. A partir de ce moment, l'Espagne fut en proie à des luttes intestines ; des insurrections révolutionnaires éclatèrent sur plusieurs points du territoire, dans l'île de Léon, à la Corogne, au Ferrol ; enfin quand il vit Madrid cerné de tous côtés par les révoltés des provinces et ne pouvant compter sur ses troupes, Ferdinand avait prêté fidélité à la Constitution. Le triomphe de la Révolution avait autant inquiété les rois qu'enthousiasmé les peuples ; mais il n'avait pas abattu les passions et les espérances des absolutistes qui avaient trouvé un refuge en France et un appui dans les sentiments de Louis XVIII et de son gouvernement.

Le misérable Ferdinand VII, sans foi comme sans dignité, encourageait sous main les moines et les partisans du pouvoir absolu, tandis qu'officiellement il paraissait obéir à la Constitution. Une petite armée formée de ses partisans s'était rassemblée sous le nom d'*armée de la Foi* à la Séo-d'Urgel, l'avait proclamé monarque absolu, avait organisé une régence provisoire pendant la captivité du roi. Mais battus et chassés par Mina, partisan célèbre, ils ne tardèrent pas à se réfugier sur le territoire français et à se dissoudre.

L'Autriche, la Prusse et la Russie rappelèrent leurs représentants de Madrid ; la France ne tarda pas à suivre leur exemple et la guerre fut décidée. 100,000 hommes, divisés en deux corps d'opération et en quatre corps d'armée, plus un de réserve, furent réunis sur la frontière des Pyrénées. Les trois premiers corps et le corps de réserve étaient placés sous le commandement direct du duc d'Angoulême, avec le général Guilleminot comme chef d'état-major général. Le 7 avril, l'ordre était donné de franchir la Bidassoa. Le 28e d'infanterie, qui était arrivé à Saint-Jean-de-Luz le 5 avril 1823, franchissait le

Février 1823.

fleuve le 7, avec les troupes d'avant-garde, sur un pont de bateaux ; le duc d'Angoulême entrait le même jour à Irun.

Quelles durent être les impressions des officiers qui avaient, en 1811, combattu les Espagnols pour leur imposer un prince français, et y revenaient douze ans après pour leur imposer un roi, espagnol, il est vrai ! mais que répudiait la majeure partie du pays. Le 11, les têtes de colonne arrivaient à Tolosa ; du 13 au 17, on traversait les provinces basques et le fameux défilé de Salinas, où tant de sang français avait coulé, pour arriver à Vittoria sans trouver de résistance. Le 24 avril, le 28ᵉ arrivait à Burgos (vieille Castille), et le 19 mai à Ségovie ; il faisait partie du 1ᵉʳ corps commandé par le maréchal Oudinot, qui flanquait la droite de l'armée. Le 24 mai, le régiment faisait à Madrid une entrée triomphale (1) aux applaudissements de la populace. Ferdinand VII, prisonnier des Cortès, avait transporté sa personne et avec elle le siège du gouvernement libéral à Cadix, ville située à l'extrémité nord de l'île de Léon. La prise du Trocadéro, après un siège en règle et douze jours de tranchée ouverte, mit fin à cette campagne, où l'armée française ne recueillit pas grande gloire, pas plus que le gouvernement français n'en retira grand profit. Le duc d'Angoulême rentra le 2 décembre à Paris, mais une partie de l'armée continua à occuper l'Espagne, car les états de services du capitaine Delannoy portent qu'il ne rentra en France que dans les premiers jours de 1825.

Cette campagne lui avait valu la décoration de l'ordre royal et militaire espagnol de Saint-Ferdinand, qui lui avait été décernée par le duc d'Angoulême, le 19 novembre 1824.

A sa rentrée en France, le 28ᵉ vint tenir garnison d'abord à Rennes (novembre 1826), puis à Brest (23 avril 1827). C'est là qu'il connut ma mère ; détail caractéristique qui montre bien la simplicité des mœurs de l'époque, il ne l'épousa que

____

(1) Vaulabelle, tome VI, page 377.

longtemps après, en décembre 1834, alors qu'il
était déjà lieutenant-colonel ; ainsi donc, fiancés
quand mon père était capitaine, séparés par les
événements de 1830 et l'expédition d'Alger, mon
père et ma mère s'étaient gardés une foi mutuelle
et n'avaient réalisé leur rêve que lorsque les circonstances et le développement de la carrière de
mon père l'avaient permis. Il avait alors 44 ans !...

En 1829, le 28ᵉ régiment d'infanterie était venu
tenir garnison à Paris, et dès le commencement
de 1830 il était désigné pour faire partie du corps
expéditionnaire chargé de faire la conquête
d'Alger. Les régiments qui devaient constituer
ce corps n'avaient pas été pris au hasard, mais
bien choisis avec soin. Le 28ᵉ, sous le commandement du colonel Mounier, qui devait plus tard
expirer sous les balles des insurgés à Lyon,
formait, avec le 20ᵉ, la 3ᵉ brigade (général Clouet)
de la 1ʳᵉ division, commandée par le général
Berthezène.

Le commandement du corps expéditionnaire
avait été confié au général de Bourmont, le même
qui avait abandonné, en 1815, la cause de Napoléon : peut-être le Ciel lui réservait-il, en 1830, la
punition de sa défection en l'éprouvant cruelle-
ment comme père ?

Au commencement du mois de mars 1830, le 28ᵉ
avait reçu avis qu'il ferait partie du corps expéditionnaire d'Afrique, et, à la date du 5, mon
père prenait ses dispositions pour régler ses
affaires et sauvegarder ses intérêts pendant une
absence dont il ne pouvait prévoir le terme.

Le 29 mars, le régiment quittait définitivement
Paris et le 26 avril, après une longue route, il
était en cantonnement à Lorgues (Var), près de
Draguignan. Le 29 avril, il se transportait de
Lorgues à Pignans ; le 5 mai suivant, le Dauphin
en passait la revue, et le 10 du même mois il
s'embarquait sur « *la Cybèle* » à Toulon. — Mon
père avait fait acquisition d'un cheval pour l'expédition : dans un coup de mer survenu pendant
la traversée, on fut obligé de jeter ce cheval par
dessus bord ; cette perte lui fut sensible et il la
citait comme un exemple des mauvaises chances

qui avaient atteint sa bourse au cours de sa glorieuse, mais peu fortunée carrière.

Embarqué le 10 mai 1830, le 28° ne prenait définitivement la mer que le 25 à 6 heures du soir ; le 26, *la Cybèle* rencontrait une frégate battant pavillon turc, et portant Tahir-Pacha, grand amiral, chargé d'une mission. On sut, plus tard, que cet ambassadeur venait apporter au gouvernement français des réparations et propositions tardives.

Le 28, la flottille de débarquement était en vue des Baléares ; le 29, elle s'approchait d'Alger, mais on était obligé de revenir à Palma par suite du mauvais état de la mer. Les bateaux avaient été dispersés par un coup de vent dans les différents ports de la Méditerranée et ne se trouvèrent tous ralliés que le 10 juin, un mois après le départ.

Le 13 juin, la flotte était en vue d'Alger, et faisait ses préparatifs pour la descente ; le 14, le corps expéditionnaire débarquait, prenait position à Torre-Chica et poussait en avant à une lieue à Sidi-Ferruch, où les bivouacs étaient établis ; le 28° occupait une partie des dunes.

Combat du 15 juin.

Vers les 4 heures 1/2 du matin, une vive fusillade éclatait à l'extrême gauche de la 1re division ; cette fois l'ennemi, qui s'était aperçu de la position désavantageuse du 28°, l'attaquait en face : nos soldats résistèrent avec courage ; les avant-postes, plusieurs fois ramenés par des assaillants beaucoup plus nombreux, ne voulurent pas céder le terrain et revinrent constamment à la charge, jusqu'à ce qu'ils eussent rejeté de l'autre côté de l'Oued Bakarah les Arabes. Le 28° eut le capitaine Delannoy et 17 hommes de troupe blessés, dont 7 très grièvement. Mon père recevait deux balles dans cette affaire : l'une au poignet droit, l'autre au bras gauche ; heureusement, elles ne produisirent que des plaies contuses qui ne l'empêchèrent pas de commander sa compagnie et de combattre comme il devait le faire dans la suite. Il importait d'autant plus à un capitaine, dans ces moments graves, de rester à la tête de ses hommes, que les attaques inopinées et nocturnes des Arabes n'avaient pas laissé de les impressionner fortement. Il fallut même parfois toute l'autorité des chefs de corps et de compagnies pour les empêcher de se livrer à la surprise que leur causait l'apparition fantastique des burnous.

Le 28ᵉ fut de nouveau attaqué vivement par des forces très supérieures en nombre. La compagnie de grenadiers, placée seule aux avant-postes et dans une gorge, fut cernée et sur le point d'être massacrée. Elle résista avec acharnement et repoussa les Arabes. La 1ʳᵉ compagnie de grenadiers perdit en cette occasion plusieurs hommes tués à bout portant : son capitaine, dans les notes malheureusement trop brèves qu'il a laissées, dit que l'étendard de Mahomet serait tombé en son pouvoir si la crainte d'un piège n'eût empêché de l'enlever : on en était à six pas !...

L'historique du 28ᵉ porte ceci : « Le capitaine « de grenadiers Delannoy protégea avec habileté « la droite du 1ᵉʳ bataillon avec son poste ; il « repoussa toutes les attaques des cavaliers « arabes. »

Le 29 juin, l'armée attaquait les positions que les Turcs occupaient en avant d'Alger ; repoussés dans la place, l'investissement commence. Le 1ᵉʳ juillet, le fort l'Empereur était cerné, et les assiégeants ouvraient la tranchée. Le 2, on perfectionnait les épaulements ; le 4, toutes les batteries de siège ouvraient leur feu dès 4 heures du matin. A 10 heures, il n'était plus tenable, et les Turcs le faisaient sauter en mettant eux-mêmes le feu aux mines qu'ils avaient préparées. Le 5, le Bey capitulait ; le drapeau français flottait sur Alger et tous les forts environnants. La Kasbah était occupée par le vainqueur, et les trésors qu'elle contenait remis entre les mains du général de Bourmont. Alors, comme depuis, des gens malveillants pour l'armée ne manquèrent pas de répandre sur elle, à cette occasion, les calomnies les plus injurieuses. J'ai souvent entendu raconter à mon père qu'entré en vainqueur à Alger, il n'en avait rapporté qu'un petit flacon d'essence de roses, que ma mère a toujours conservé depuis. Noble exemple du désintéressement qui animait les soldats de la France.

Le 20 juillet, le général de Bourmont, auquel la conquête d'Alger avait valu le bâton de maréchal, nommait mon père chef de bataillon au 28e.

Le 16 novembre, le régiment reçut l'ordre de former un bataillon destiné à faire partie d'une expédition qui avait pour but de combattre les contingents rassemblés par le bey de Tittery, de s'emparer de Blidah et de Médéah, et de placer dans cette dernière ville un bey attaché à la France. Ce bataillon fut formé avec une section prise dans chacune des compagnies des deux bataillons et placé sous les ordres du commandant Delannoy. Le détachement du 28e ainsi formé faisait partie de la brigade Achard.

Le 18 novembre, Blidah tombait en notre pouvoir, non sans combat, car le bataillon du 28e, qui avait tourné la ville par la gauche, avait sept hommes blessés grièvement.

21 novembre 1830.

La colonne poursuivit sa route vers Médéah et rencontra les Arabes massés au col du Teniah (1) qu'il s'agissait de leur enlever. La position fut abordée de front par le général Achard pendant que le commandant Delannoy la tournait avec son bataillon. Le général Achard lui avait donné pour mission de faire battre la charge dès qu'il serait arrivé au sommet et de se porter rapidement en avant pour tourner le col. Ce qui fut fait, avec une perte pour le bataillon du 28e de deux officiers et dix sous-officiers et soldats blessés.

A la suite de ce combat, Médéah fut occupée sans résistance. Nous arrivons à l'épisode le plus glorieux de la carrière de mon père, que l'historiographe du 28e n'hésite pas à qualifier d'héroïque pour sa belle défense de Médéah voici dans quelles circonstances : L'occupatio ; de Médéah sous l'autorité d'un bey dévoué ayant été décidée, le général en chef désigna pour composer la garnison un bataillon du 28e, un bataillon du 20e, quatre compagnies de zouaves et une section de montagne, sous les ordres du

Défense de Médéah.

(1) Teniah (Col en Arabe).

colonel Marion, du 28e. Le bataillon de ce régiment sous les ordres de mon père devait occuper *la ferme du Bey,* sorte de poste avancé à deux kilomètres de la Place, bâtie sur un plateau et reliée à la ville par une bonne route que défendaient deux maisons placées à peu près à moitié chemin. Une section de sapeurs du génie, laissée à la garnison, crénela les murs et disposa des tambours en pierres sèches pour assurer le flanquement des diverses parties des constructions. En avant se trouvait un grand ravin qui débouchait sur la ville par la droite et la gauche et avait aussi une large issue aboutissant au pied du mur des écuries. La nature du terrain rendait donc la défense de ce point de la plus haute importance. (Extrait de l'historique du 28e, par M. Simond, lieutenant au régiment).

Le commandant Delannoy disposa des postes sur la droite et la gauche, pour observer le ravin. A peine la colonne du général Clauzel avait-elle disparu, que les montagnes environnantes se couvrirent de feux : beaucoup de tribus se réunirent et se disposèrent à attaquer.

Le 27, les Arabes, se voyant en force, s'avancèrent avec beaucoup de résolution, vers midi, et débordèrent bientôt la gauche de la position. Les habitants de Médéah prirent les armes, et conduits par deux compagnies du 20e, marchèrent contre l'ennemi, qui fut repoussé. Alors le bataillon du 28e et les zouaves s'élancèrent dans le ravin, se jetèrent sur les assaillants à la baïonnette, les poursuivirent jusqu'à la nuit et leur infligèrent des pertes assez considérables. Le 28e eut 1 soldat tué et 4 hommes blessés grièvement. Pendant la nuit, les feux de bivouac de l'ennemi augmentèrent beaucoup, annonçant l'arrivée de nombreux renforts. Le lendemain, à 7 heures, les Arabes reviennent en bien plus grand nombre. Les postes qui bordaient les crêtes du ravin ne peuvent contenir ces masses et sont forcés de se replier. Deux compagnies sont envoyées à leur aide : mais elles sont bientôt entourées. Toute la garnison de la ferme s'avance pour les dégager. Une lutte corps à corps a lieu. La ferme est sur le point d'être prise. Le commandant Delannoy fait exécuter une charge énergique qui rejette les ennemis dans le ravin. Toutefois, trop faible pour les suivre dans ce terrain difficile, il s'arrête et tous ses hommes bordent la crête de la position.

Les Arabes reparaissent bientôt, divisés en plusieurs colonnes compactes et reprennent l'offensive avec fureur. Des feux bien dirigés à courte distance et bientôt à bout portant ne les arrêtent pas. Les soldats du 28e, débordés de tous côtés, sont contraints à la retraite sur la ferme ; mais ils l'exécutent lentement en défendant le terrain pied à pied. Ils sont, soudain, obligés de se hâter ; l'ennemi a passé par le débouché du ravin, qui donne accès au pied de la ferme et il touche aux bâtiments.

Le bataillon court et atteint aussi la ferme ; il va se réfugier derrière un petit ouvrage construit la veille en avant des murs pour protéger les rassemblements. Là, par un feu rapide, il arrête les assaillants qui, devant ce tir meurtrier, hésitent. Le commandant Delannoy en profite et crie : en avant ! Ses soldats franchissent le parapet avec rapidité, tombent sur les Arabes à la baïonnette et les rejettent dans le ravin pour la deuxième fois.

L'ennemi essaie quelques autres attaques ; mais il est démoralisé et ne s'engage plus avec audace. Vers 5 heures, il se retire enfin. La faible garnison de la ferme est encore une fois sauvée, grâce à son héroïsme. Elle rentre dans les bâtiments à la fin du jour et ne peut se défendre d'une poignante inquiétude, car presque toutes les cartouches ont été consommées. Il en reste à peine trois ou quatre par homme. La réserve de Médéah est presque épuisée...

Le bataillon, dans cette défense acharnée, a eu 12 tués et 70 blessés, dont 4 officiers.

Les habitants de Médéah n'avaient pas porté secours au commandant Delannoy, parce qu'ils s'attendaient à une attaque de la ville. Le 20e resta à Médéah pour la même raison et n'envoya deux compagnies qu'à la fin de la journée. Tous les hommes du 28e firent preuve de courage pendant le combat, comprenant qu'ils étaient perdus s'ils ne demeuraient victorieux. Pourtant, le chef de bataillon signala d'une façon particulière le capitaine Loosbergh, blessé; le lieutenant Chaignon, blessé ; le lieutenant Roussel ; les sous-lieutenants Garard et de Boissieu ; le sergent Pechie ; les fusiliers Périssaut et Carré.

Après l'évacuation de Médéah et les souffrances d'un rude hiver où l'on peut s'imaginer aisément ce que devait être la vie d'une garnison entourée de tribus hostiles, sans cesse sur le qui vive, ne recevant que par de rares convois ses moyens de subsistance, manquant d'eau, mal abritée, le 28e vint tenir garnison à Alger, sous le commandement du général Berthezène. Ce dernier appréciait à sa valeur le commandant Delannoy, car dans son livre intitulé : *Dix-huit mois à Alger*, il loue les bonnes dispositions de ce chef et la bravoure de nos soldats.

Le séjour d'Alger dut les dédommager un peu de toutes leurs souffrances ; mais les difficultés de la conquête ne leur laissèrent pas le temps d'en jouir longtemps.

Du 10 au 13 mars, les troupes étaient envoyées en reconnaissance dans la vallée de la Mitidja.

Le 7 et le 14 mai, un bataillon et quatre compagnies d'élite du 28e repartaient en reconnaissance.

Et dès le mois de juin, une deuxième expédition sur Médéah était décidée. Un bataillon du 28e et quatre compagnies d'élite de ce régiment en faisaient partie sous le commandement du colonel Mounier et du commandant Delannoy.

Le 25 juin, on bivouaquait sur l'Oued Kerma.

Le 26, la colonne se remettait en route à deux heures et demie du matin et bivouaquait à moitié chemin de Bouffarick à Blidah.

Le 27, elle passait La Chiffa et bivouaquait à la ferme du bey d'Oran.

Le 28, grande halte au col du Téniah. Bivouac dans le bois des Oliviers.

Le 29, arrivée à Médéah.

Le 1er juillet, six bataillons prirent les armes 1er juillet 1831.

pour punir les tribus voisines de Médéah les plus hostiles. Le 28e et l'artillerie, sous les ordres du colonel Mounier, prirent le chemin de droite; les trois colonnes devaient converger sur le plateau d'Houara. La droite, dit le général Berthezène, ne tarda pas à être aux prises avec les montagnards, qui furent successivement chassés de leurs positions. Le colonel Mounier porta sa troupe à un kilomètre en avant du plateau d'Houara, où il eut encore plusieurs retours offensifs à repousser. C'est là que le commandant Marey, depuis général Marey-Monge, trouva l'occasion d'une charge heureuse. Pour éviter d'être inquiété dans sa retraite sur Médéah, le général en chef ordonna au 20e de prendre position sur la route de Hassem-bein-Ali, afin de menacer lui-même la retraite des Arabes, manœuvre qui eut un plein succès.

Les tribus de Riera et d'Ouhara punies, la colonne dut rétrograder sur Alger, faute de vivres et de munitions. La division se mit en marche à cinq heures du soir, tant pour rendre plus court un combat inutile que pour soustraire aux ardeurs du soleil les blessés, dont neuf étaient portés à bras.

La division arriva aux Oliviers à huit heures, et elle ne devait en repartir qu'à deux heures du matin ; mais un nouvel ordre la mit en marche à onze heures de la nuit. Divers avis avaient fait connaître que les Turcs et plusieurs tribus réunies aux Musoïa et Sommata devaient pendant la nuit occuper le long défilé qui mène au col du Téniah. Bien qu'inquiétées toute la nuit par des coups de fusil, les troupes poursuivirent leur marche, sans y répondre, jusqu'au col, le bataillon d'avant-garde occupant la ferme de l'Aga.

Après une longue halte sur le Téniah, la colonne reprit sa marche, un bataillon d'arrière-garde du 28e occupant les sommités de l'est pour protéger la retraite.

Le mouvement s'exécutait successivement et avec calme, dit le général Berthezène, lorsque

— 31 —

arrivées près des eaux noires, à une lieue environ du col, les troupes accélérèrent leur marche
sans qu'on pût en comprendre la cause. Bientôt
les rangs se confondirent et il se produisit un
grand désordre. C'est que la compagnie de grenadiers d'arrière-garde avait été fortement atta-
quée pendant qu'elle descendait la hauteur à
pic du Téniah; le capitaine ayant été tué, la
compagnie avait accéléré son mouvement; de
proche en proche il s'était communiqué à toute
la colonne (1).

Arrivés dans la plaine, il fallut encore combattre une nombreuse cavalerie; mais on en eut
assez facilement raison.

La division rentra à Alger le 5 juillet; après
dix jours d'absence, le 28ᵉ avait perdu 39 blessés
et 6 morts.

Après un séjour de quelques mois à Alger, où
les troupes furent gravement éprouvées par le
climat, le Ministre ordonna la rentrée en France Rentrée en France.
1832.
de trois régiments, dont le 28ᵉ qui vint tenir
garnison à Montpellier. Il y arriva le 30 janvier
1832. Dès le mois de juillet, le 28ᵉ quittait Montpellier pour aller dans la Drôme, et en octobre
1833 il était réuni à Lyon. Au mois d'avril 1834
éclatait dans cette ville une formidable insur-
rection. Le 28ᵉ, qui semblait appelé par sa destinée aux postes périlleux, aussi bien en Algérie
qu'en France, fut chargé de la combattre. Il y
perdait son colonel, le brave Mounier, qui
expira entre les bras de mon père, frappé
d'une balle à l'attaque des barricades de la place
Sathonay. Ce vaillant soldat, qui avait échappé
aux dangers des guerres du premier Empire et
aux balles des Arabes et qui allait partir en
retraite, devait mourir frappé par la main d'un
Français (2).

Le commandant Delannoy fut nommé lieute- Nommé Lᵗ-Colonel,
21 juin 1834.
nant-colonel du 1ᵉʳ de ligne le 20 juin 1834. C'est
dans cette position qu'il épousa ma mère, peu

(1) La presse d'alors fit beaucoup de bruit de cette retraite,
dont elle exagéra à dessein le trouble.
(2) Voir Appendice nº 3.

de temps après le 30 décembre 1834; leur mariage fut célébré à l'église Saint-Philippe-du-Roule; ils étaient restés fiancés pendant plus de sept ans. Leur premier enfant, nommé Louis-André, naquit le 18 octobre 1835, à Lyon, et mourut moins d'un an après, à Toulon, le 23 août 1836. Leur deuxième enfant n'était pas non plus destiné à vivre : il était né à Toulon le 19 février 1837, et mourut à Antibes le 21 septembre 1837; cinq jours après sa naissance, mon père s'embarquait pour Oran avec le 2e bataillon du 1er de ligne. Une chute de cheval ne lui permit pas de continuer ses services à l'armée d'Afrique, et, grièvement blessé au genou, il dut rentrer en France le 22 août suivant. Sa guérison fut longue et pénible : après s'être mis entre les mains du docteur Lallemand, de Montpellier, il fit usage des eaux de Barèges; mais il souffrit toujours de ce genou dont les cartilages avaient été détruits.

Nommé colonel du 35e régiment de ligne le 21 août 1839, il conserva le commandement de ce régiment jusqu'au jour de sa nomination au grade de maréchal de camp, le 22 avril 1847, c'est-à-dire pendant près de huit ans. Ce qu'il déploya de zèle dans le commandement de ce régiment, de dévouement aux intérêts de tous, ceux qui ont servi sous ses ordres pourraient l'attester; il avait porté au plus haut degré la réputation du 35e, et avait su si bien lui attirer l'estime du roi, que pendant les huit années de son commandement, il fut maintenu pendant près de six ans à Paris ou aux environs. Rien n'échappait à son œil clairvoyant, aucun détail ne lui semblait indigne de son attention. La musique était renommée entre toutes et remportait les premiers prix à tous les concours. J'ai entendu dire à un vieil officier du 35e que le colonel Delannoy était aussi versé dans les plus petits détails de l'habillement que dans la direction des manœuvres. Véritable chef de corps, en un mot, portant haut et ferme le drapeau national et sachant en inspirer à tous le respect.

Il ne lui fut pas donné l'honneur de le conduire au feu dans nos dernières guerres. Dieu en le

rappelant à lui, en 1864, avant nos désastres, lui
épargna la douleur d'assister à nos revers, en
1870, et de voir les misères de l'invasion.

Le colonel Delannoy avait quitté le commandement du 35e en 1847, ayant reçu du roi lui-
même, aux Tuileries, la nouvelle de sa nomination au grade de général ; il fut nommé au
commandement du département d'Ille-et-Vilaine,
à Rennes ; la Révolution ne tarda pas à l'en
déplacer et à l'envoyer dans un des départements
voisins, les Côtes-du-Nord, où il devait terminer
sa carrière militaire. En effet, après avoir su par
sa fermeté et sa prudence écarter de St-Brieuc et
du pays Breton les troubles politiques de 48, il
passa les quatre dernières années qui précédè-
rent sa retraite dans cette paisible résidence.

Il vint terminer à Paris, en 1852, sa longue et
glorieuse carrière ; l'Empereur lui avait accordé
comme dernière récompense une recette particulière. Mais jamais les avantages pécuniaires
de cette situation, qui lui permit cependant
d'élever honorablement sa jeune famille, ne le
consolèrent d'avoir quitté l'armée, à laquelle il
avait donné tout son cœur, et d'avoir vu se fermer
une carrière qu'il avait la légitime ambition de
mener à son sommet.

Et maintenant qu'il repose dans le sein de Dieu
et qu'il en a reçu, nous voulons le croire, la récompense que Dieu réserve à ceux qui ont consacré
leurs forces au service de leur pays et versé leur
sang pour sa cause sacrée sur les champs de
bataille, puisse son exemple nous fortifier dans
l'accomplissement du devoir et nous soutenir
dans les épreuves de la vie ! Il avait connu, il me
l'a dit bien souvent, les plus dures misères sur
la terre d'Afrique, et il n'a jamais désespéré.
Plein de respect pour la famille, il s'était imposé
bien des privations pour améliorer le sort des
siens ; jusqu'à son dernier jour il ne cessa de
témoigner à la noble femme qu'il avait choisie
pour compagne la plus délicate affection et les
égards les plus touchants ; ses derniers mots
en mourant ont été pour ses enfants : j'espère
que les miens, quand ils seront en âge de

comprendre ces enseignements, sauront s'inspirer de cette vie si pure, si glorieuse, et porteront fièrement le nom du général Delannoy.

Niort, juin 1889.

APPENDICE

I. — ARMÉE D'ALLEMAGNE

1er CORPS D'ARMÉE

Nous, soussigné, certifions que le sieur Delannoy (Louis-Joseph), capitaine aide de camp employé au 1er corps d'armée, a enlevé sur les Russes, le 28 juillet 1813, à Gieshübel (Saxe), à la tête de 15 carabiniers du 7e régiment d'infanterie légère, une pièce de canon et ses deux caissons attelés qu'il a ramenés au grand quartier général, à Pirna, et qu'il a été blessé dans cette affaire d'un coup de feu au genou.

En foi de quoi nous lui avons délivré le présent certificat pour valoir ce que de droit.

Fait à Pirna (Saxe), ce 29 juillet 1813.

Le général commandant le 1er corps de la Grande Armée,

Signé : VANDAMME.

II. — Extrait d'une lettre du colonel de la Béraudière,
COMMANDANT LA LÉGION DU NORD,
Demandant que le capitaine Delannoy soit confirmé dans son grade à la dite Légion.

M. de Lannoy était, à l'époque fatale du 20 mars 1815, aide de camp de M. le lieutenant-général comte Du Monceau ; il fut d'abord suspendu de ses fonctions et ensuite rappelé par la réinstallation du général.

Envoyé par son général en reconnaissance sur Sedan, il fut bloqué dans cette ville et employé par le général Choisy à conclure les conventions qui ont préservé cette place d'un bombardement ; firent reconnaître l'autorité du Roi et lui ont conservé une ville précieuse par son commerce.

. . . .

Après la reddition de Mézières et du château de Sedan, il sollicita et obtint ses passeports pour se rendre dans ses foyers, à Pont-à-Marcq, près de Lille.

Il s'est employé très utilement pour son pays et pour le bien du service du Roi au mois de janvier et février dernier, lors de l'occupation du département du Nord par l'armée alliée ; le service des subsistances n'étant pas encore organisé, il s'est chargé volontairement d'apaiser toutes rixes qui s'élevaient entre l'habitant et le soldat, en faisant fournir les vivres d'une manière régulière ; par sa conduite il a empêché le pays d'être surchargé et s'est acquis l'estime des habitants et des alliés avec lesquels il eut à traiter.

J'ai eu l'occasion de lire la correspondance de M. de Lannoy en 1814 avec sa famille : elle exprimait les sentiments d'un bon Français. C'est un officier très distingué ; il est homme d'honneur.

Je suis entièrement convaincu qu'il ne manquera jamais aux serments qu'il a faits et que l'on peut compter sur sa fidélité : c'est pourquoi je supplie Votre Excellence de le confirmer dans le grade de capitaine à la Légion du Nord.

Signé :

Le Chevalier DE LA BÉRAUDIÈRE.

III. — Dans les malheureuses journées de Lyon il a donné des preuves du plus grand sang froid, du courage et de l'intrépidité qui le caractérisent ; a attaqué lui-même et emporté avec ses soldats plusieurs barricades.

Signé :

Lieutenant-colonel ESCANDE, du 2

Niort. — Typographie L. FAVRE.

9 782329 570808